MATCHING FRAME

CTS

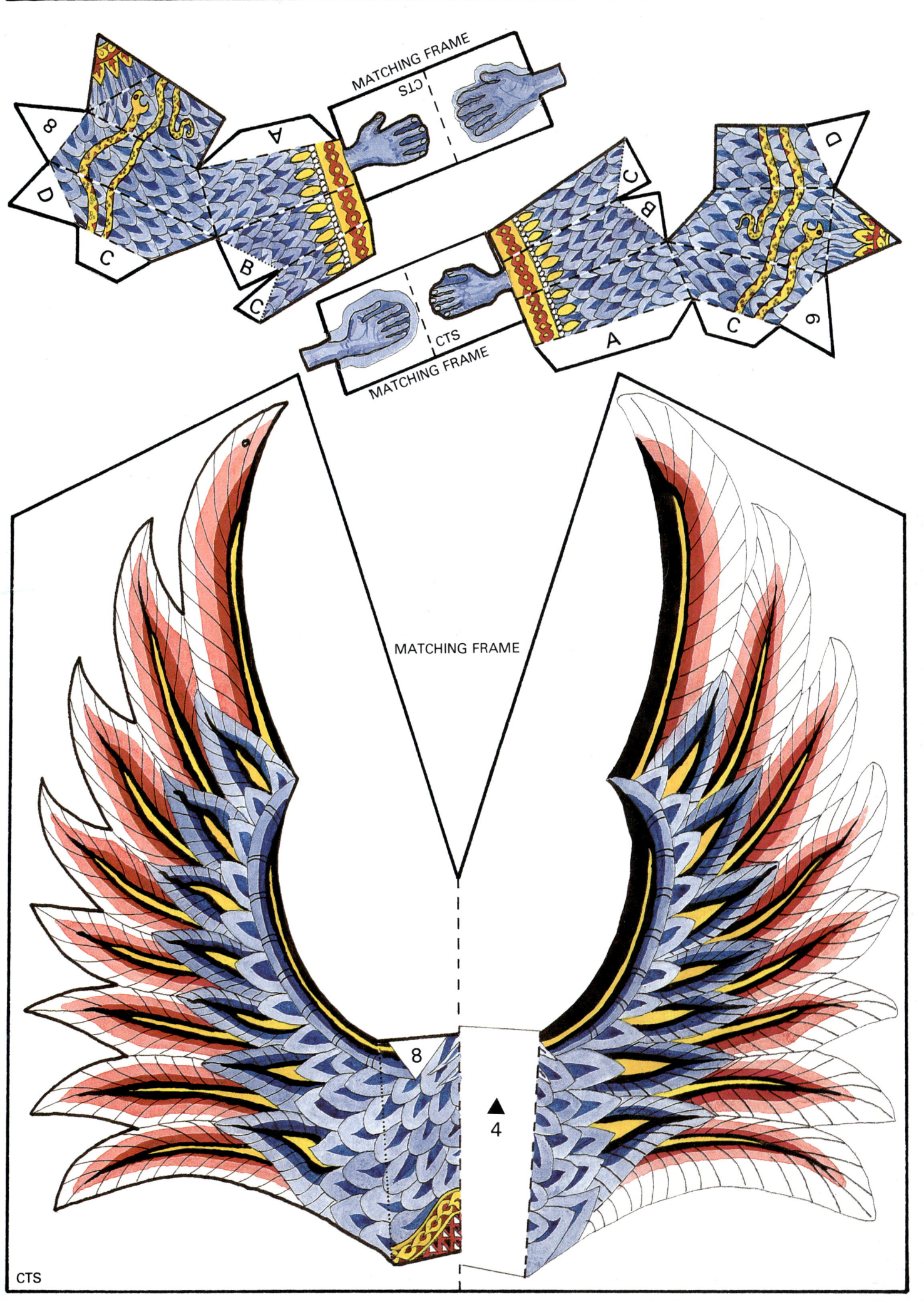

A 4

6

4 ▶

5

2

2

C

1 ▶

A

3

3

B 3

7D

A

7A

7B

7C

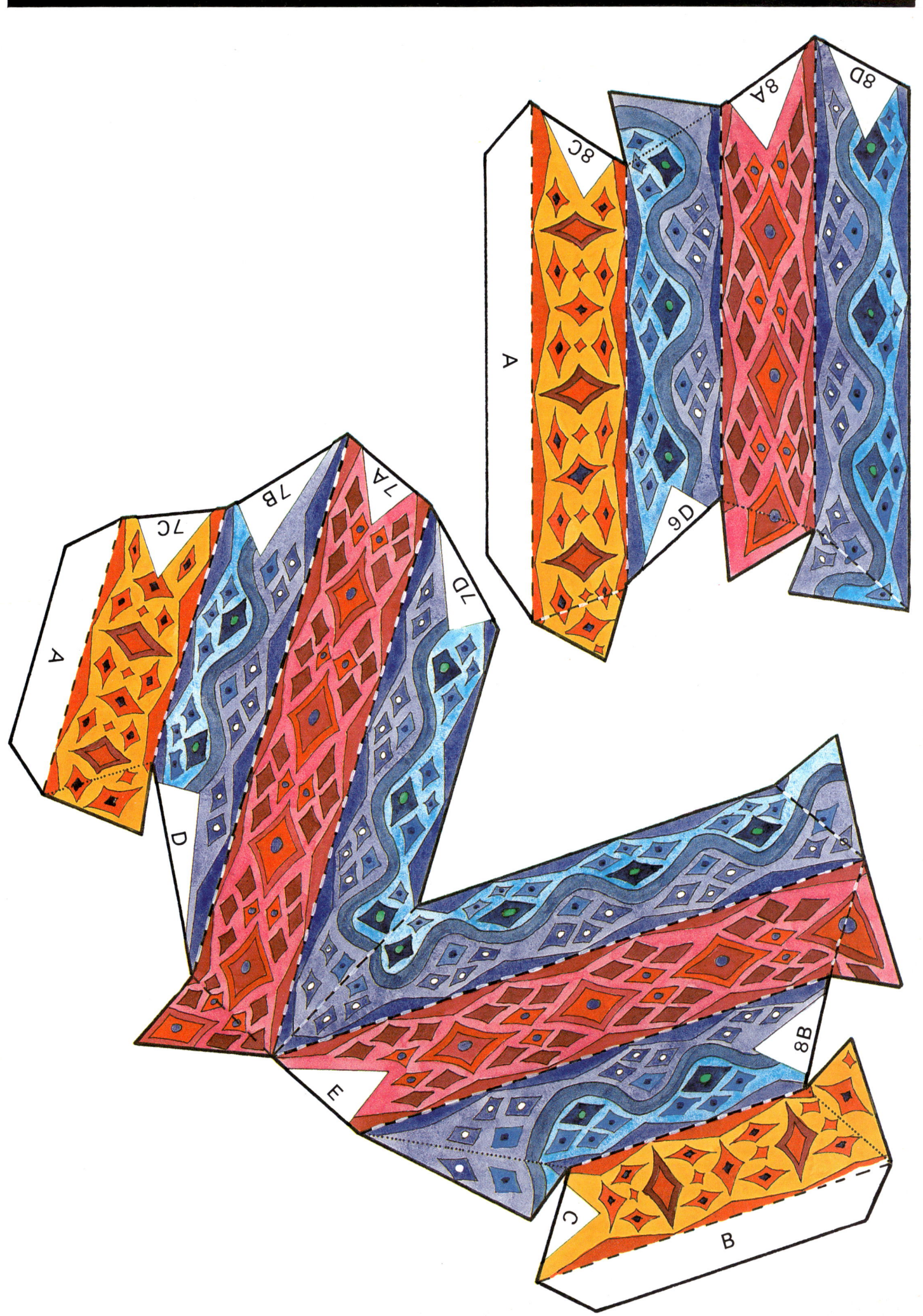

8B

A

9C

9B

9A

A

8D

C

B

8A

E

8C

D

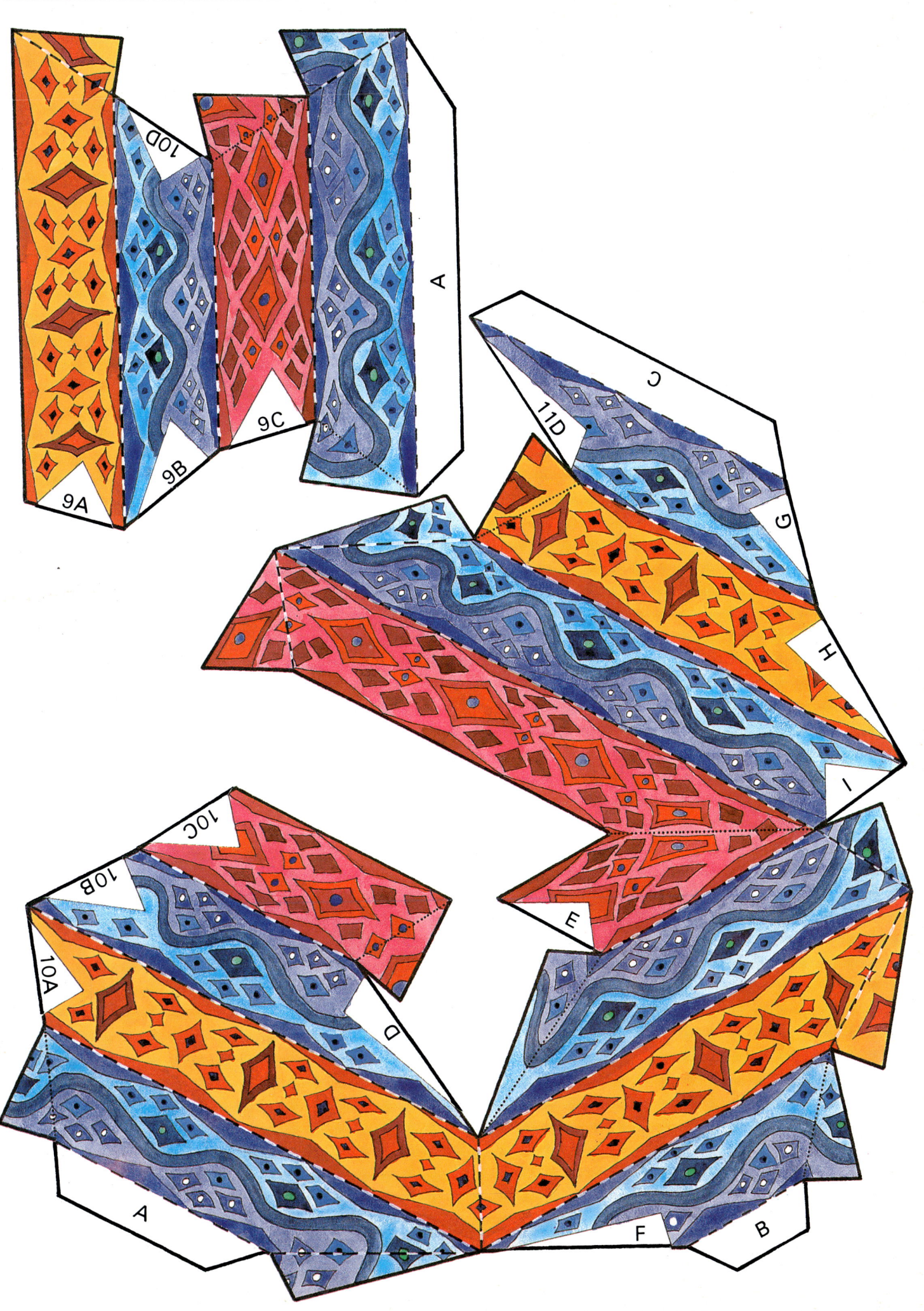

10A

10B

10C

A

9D

11C

11B

11A

C

I

A

B

E

D

H

D

10D

G

F

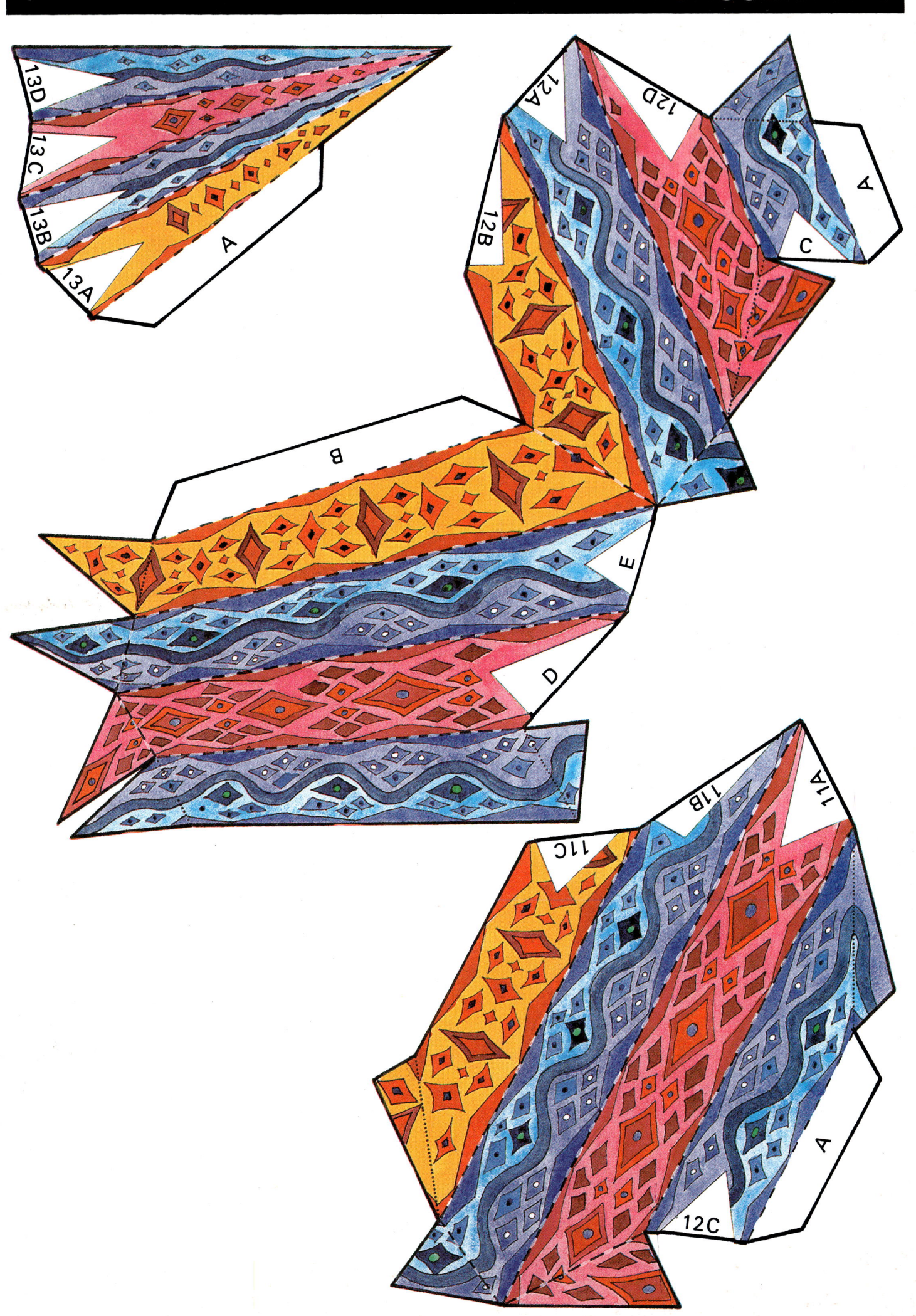

12C

A

D

A

E

13A

13B

13C

13D

C

B

11D

A

12B

12A

12 D

MATCHING FRAME

B B B B B B D D D D C D D D D D

A A A

5

5

21
19
21
1
19
18
20
21
18
19
20
17
18
2
21
18
20
11
21
2
11
20
2
20
11
22
2
22

B B ▲▼

7

7

A

6A

3 ▲

1 ▲

10

10

10

A ▲ ▼ A

A ▲ ▲ ▶ A

B
▲
▼
B

8   9

8   9

8   9
15
15   15
8   9
15   14
15
14
14
8   9
▼ 12
13
16   16   16   13
16   13
16   16

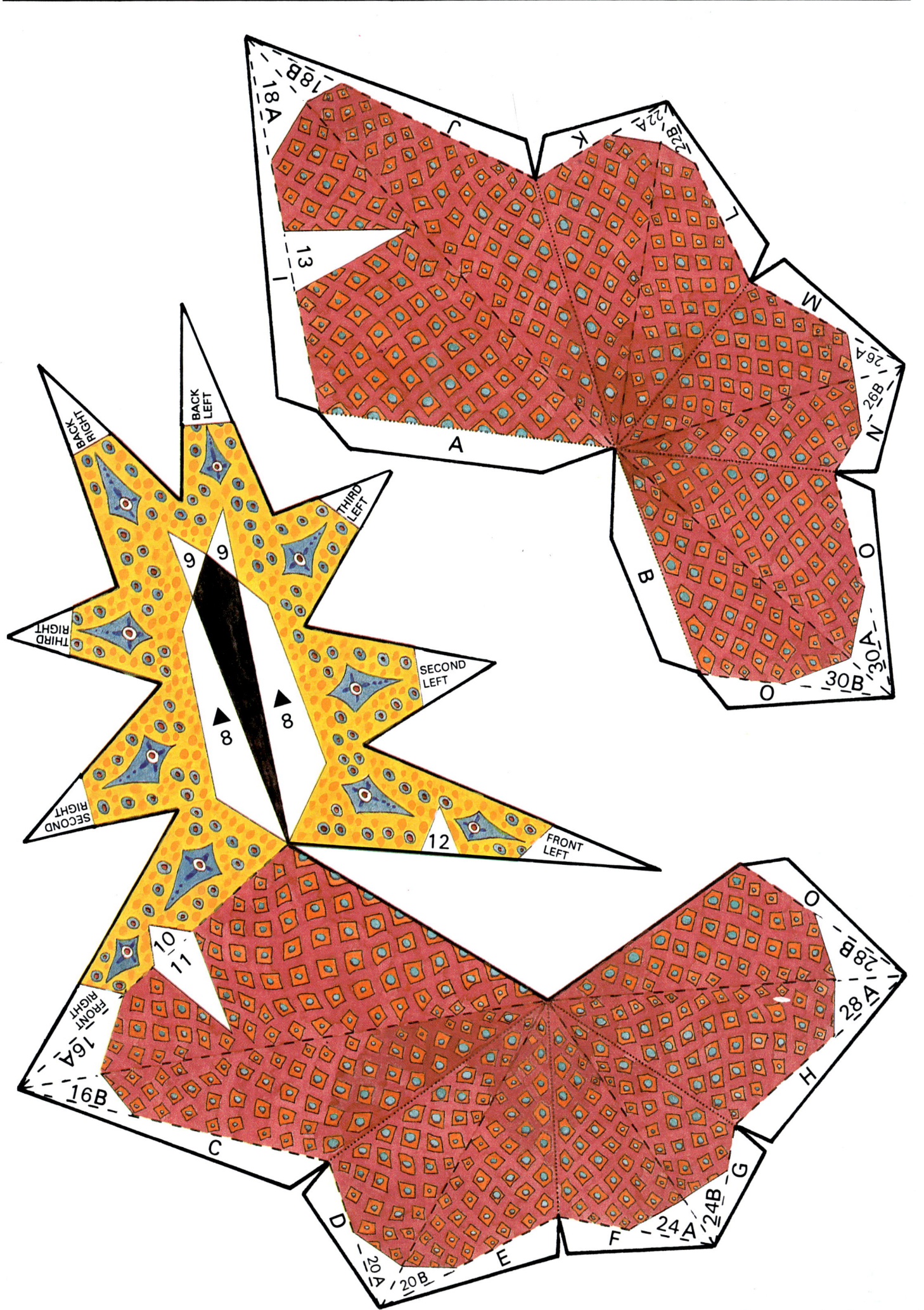

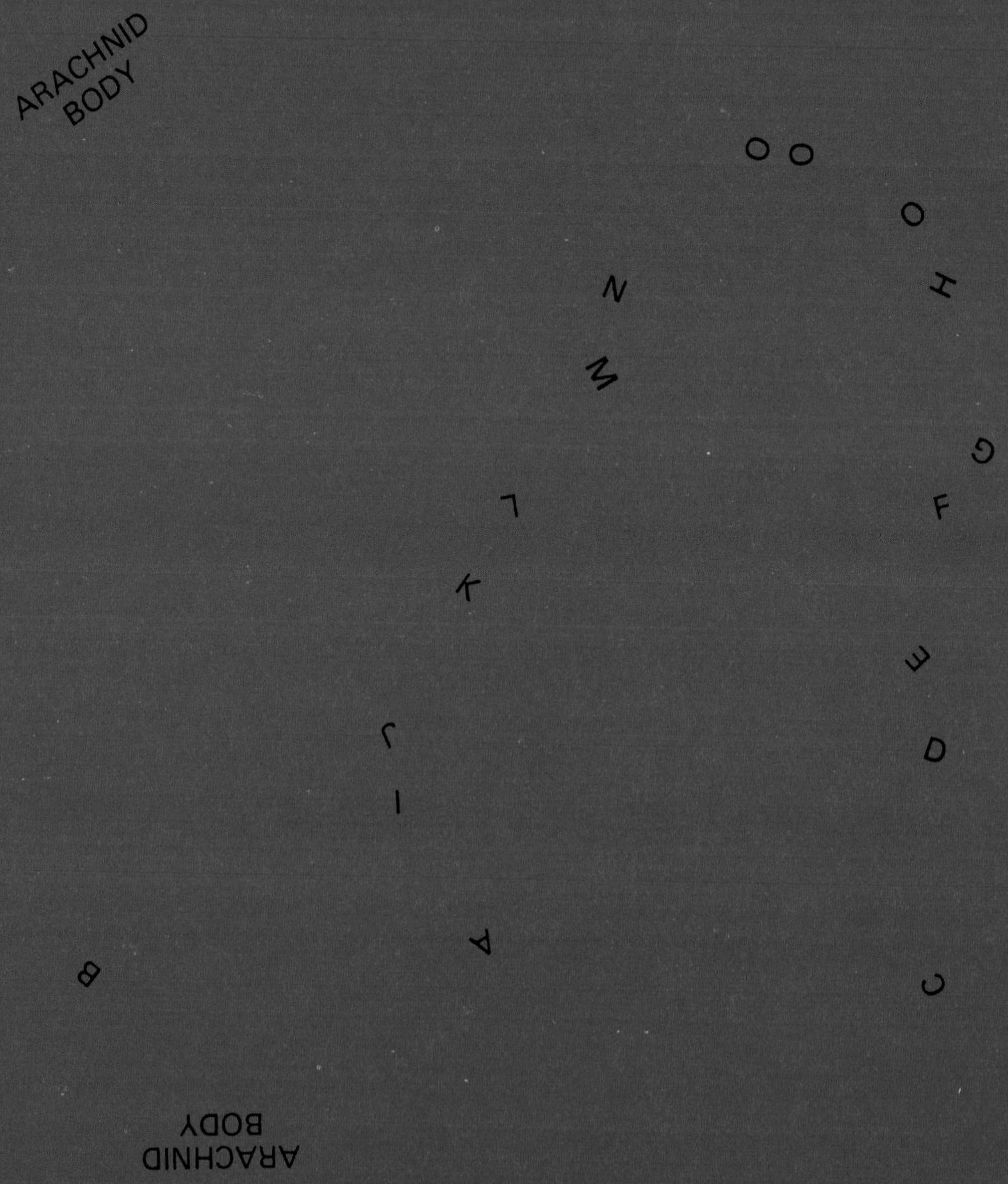

ARACHNID
BODY

O O

O

H

N

M

G

F

L

E

K

D

J

I

A

B

C

ARACHNID
BODY

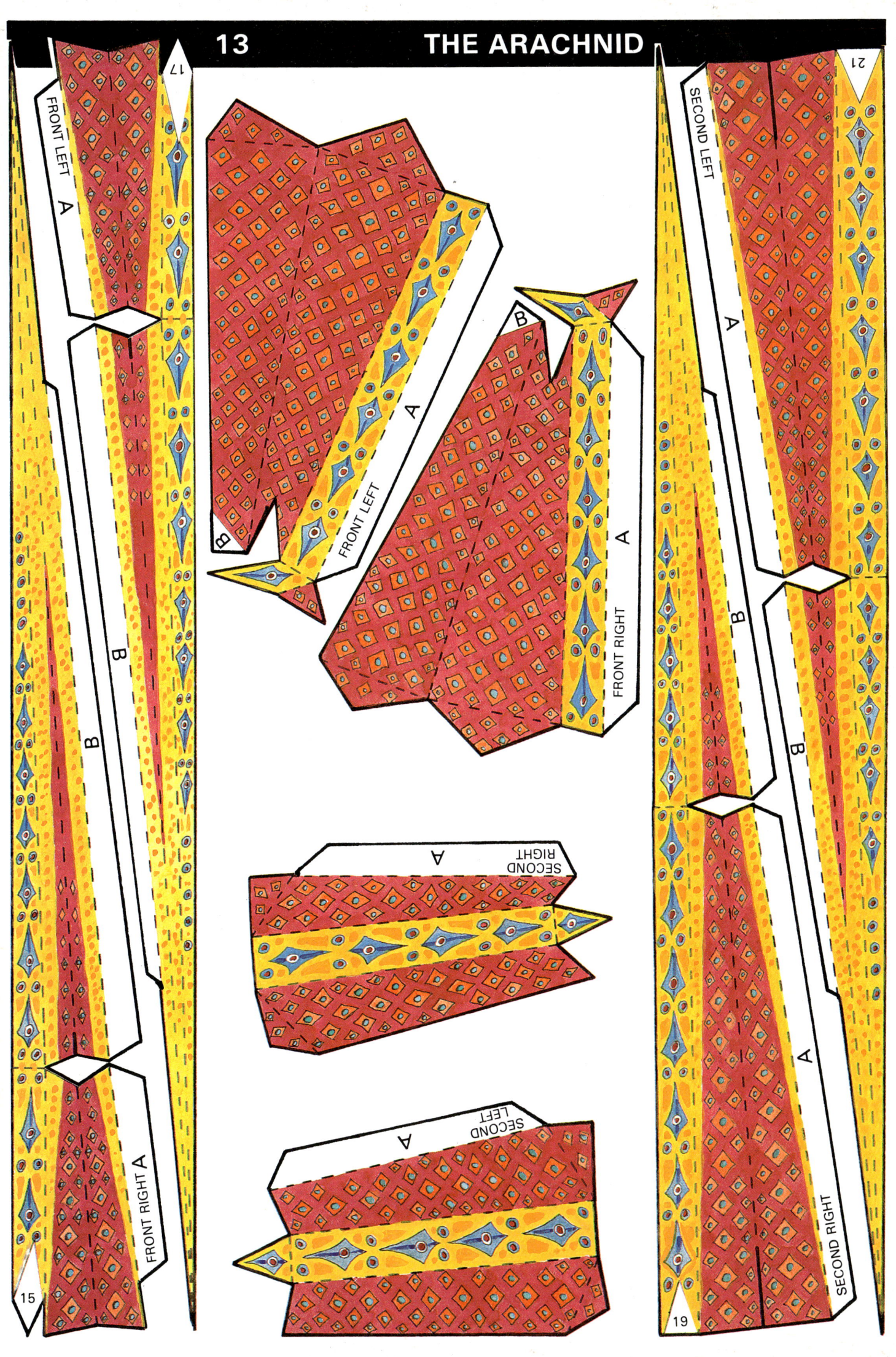

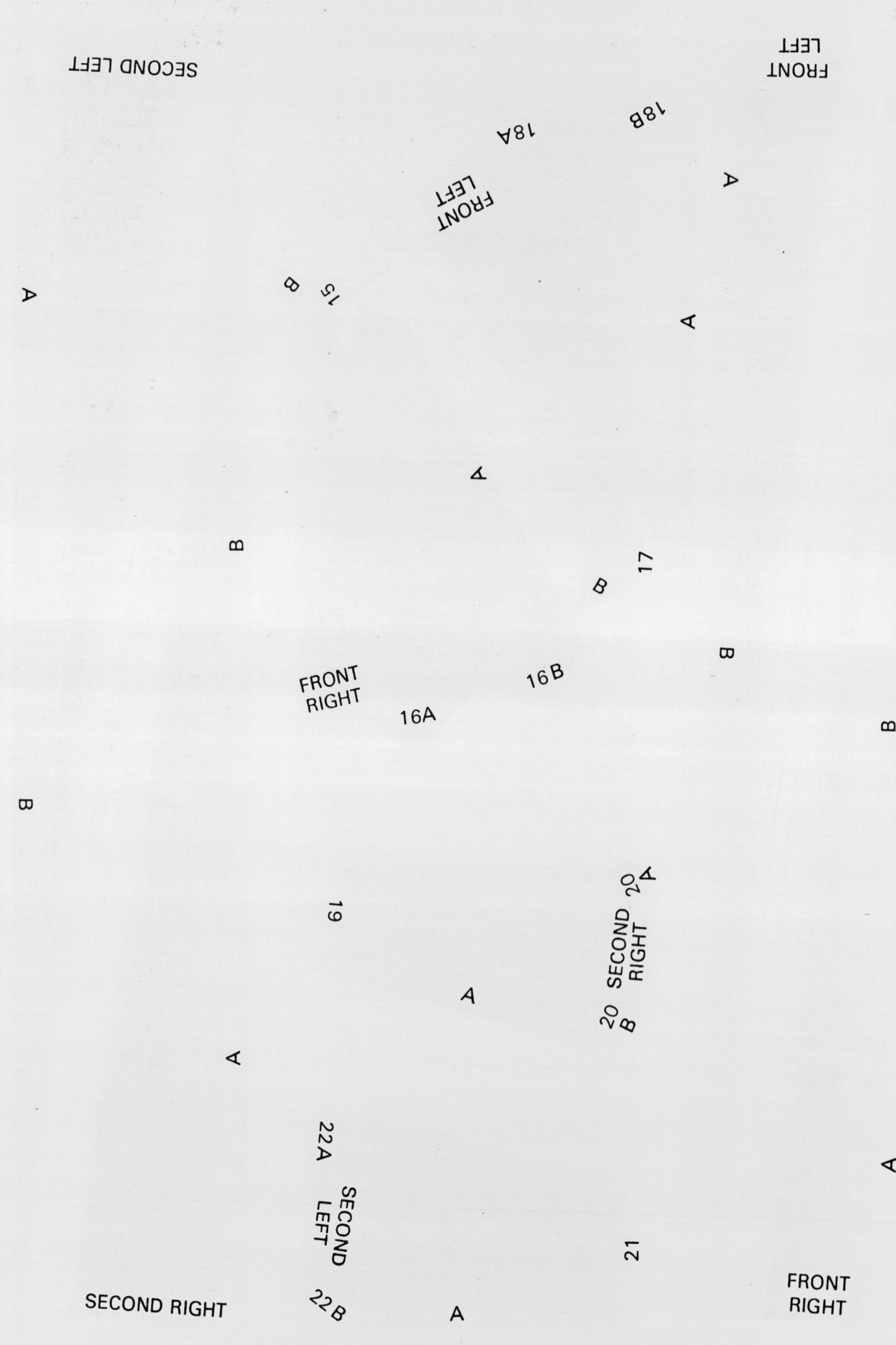

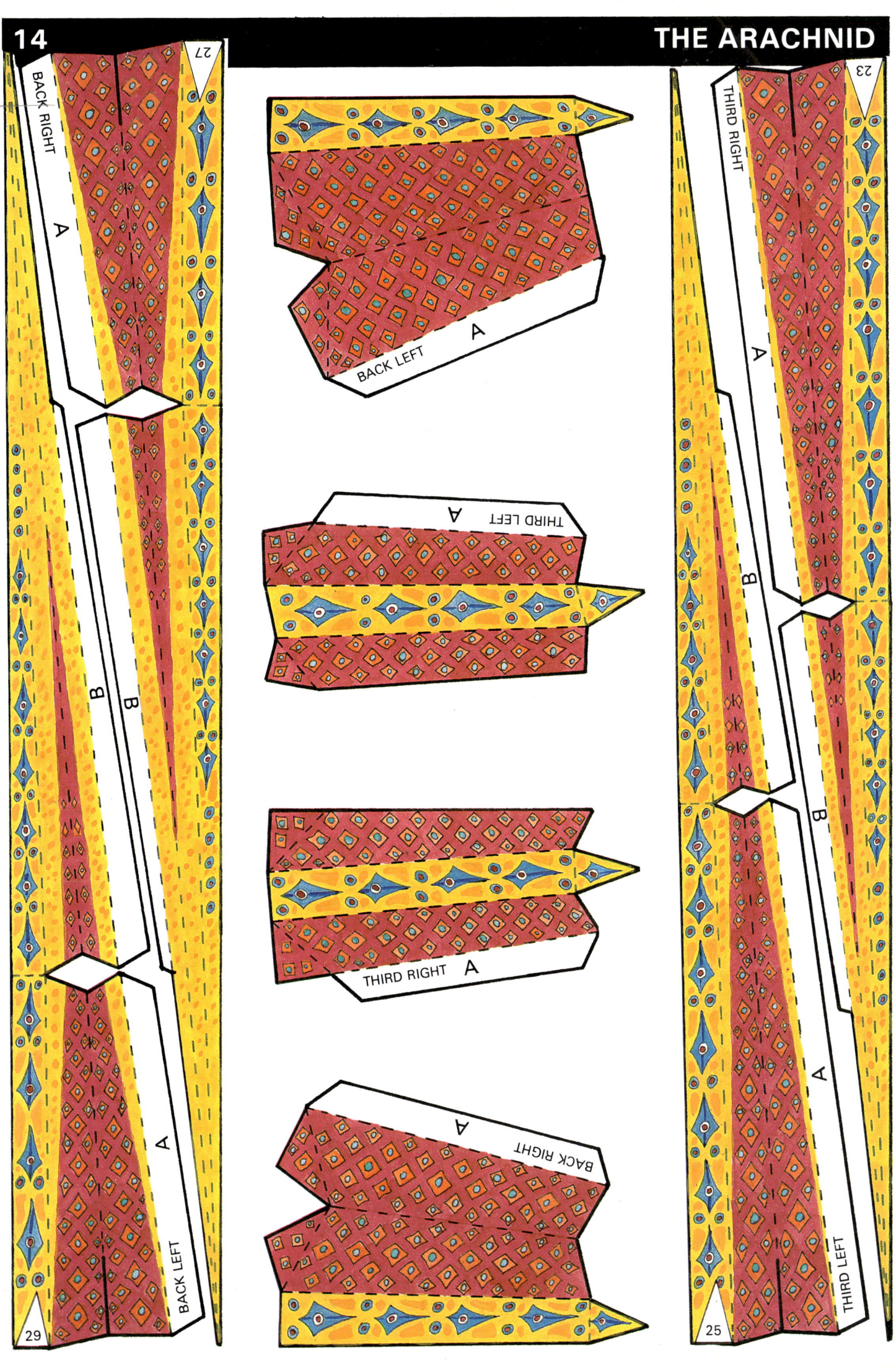

BACK RIGHT

A

27

A

B

B

A

BACK LEFT

29

BACK LEFT

A

THIRD LEFT

A

THIRD RIGHT

A

BACK RIGHT

A

THIRD RIGHT

23

A

B

B

A

THIRD LEFT

25

BACK RIGHT

THIRD RIGHT

29

A

A

BACK LEFT

30 A

A

30 B

B

⊕

26 B

THIRD
LEFT

B

25

A

26
A

B

A

B

THIRD RIGHT

23

A

THIRD
RIGHT 24 A

24 B

A

⊕

A

BACK RIGHT

28 B

THIRD LEFT

27

A

28 A

BACK LEFT